PROPERTY OF
CHICAGO BOARD OF EDUCATION
DONALD L. MORRILL SCHOOL

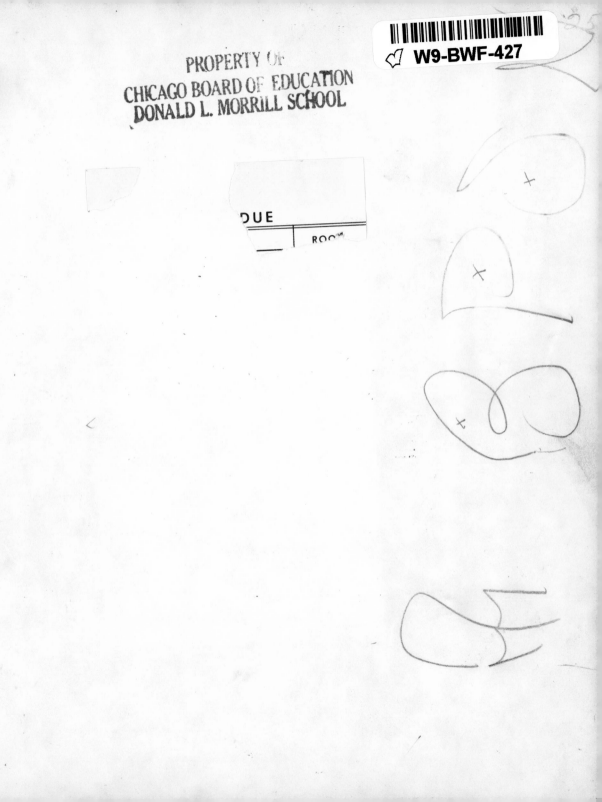

PROPERTY OF
CHICAGO HISTORICAL SOCIETY
THOMSON COLLECTION

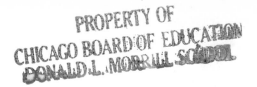

PROPERTY OF
CHICAGO BOARD OF EDUCATION
DONALD L. MORRILL SCHOOL

Así es mi mundo

LA CONSTITUCION

por Warren Colman

CHILDRENS PRESS ®

CHICAGO

Piquetes de manifestantes a favor de la
Enmienda de Derechos de Igualdad

FOTOGRAFIAS

AP/Wide World Photos, Inc.—31, 42
(izquierda)

© Cameramann International, Ltd.—4 (arriba),
6 (izquierda), 29 (izquierda)

Nawrocki Stock Photo:
© Jeff Apoian—21 (izquierda)
© Wm. S. Nawrocki—13 (3 fotos)
© Jim Wright—6 (derecha)

Photo Source International/ © Three Lions—7,
23

Marilyn Gartman Agency:
© Lee Balterman—4 (abajo, izquierda)
© Herwig—41 (derecha)
© Photri—2, 29 (derecha)

The Granger Collection—28 (derecha)

Historical Pictures Service, Chicago—8
(2 fotos), 9, 14, (2 fotos), 15 (izquierda y
centro), 17, 18, 36, 37

Journalism Services:
© Joseph Jacobson—6 (centro)
© Paul Gero—26 (izquierda)

© H. Armstrong Roberts/ © Camerique—39
(2 fotos)

Roloc Color Slides—Cubierta, 4 (abajo,
derecha), 11, 15 (derecha), 21 (derecha), 22,
26, (izquierda), 28 (izquierda), 38, 41
(izquierda), 42 (derecha), 45

Tom Stack & Associates: © Brian Parker—34
(izquierda)

Supreme Court Historical Society—32

Gráficos: © Horizon Graphics—25, 27, 34

Cubierta: Firma de la Constitución

Library of Congress Cataloging-in-Publication Data

Colman, Warren.
  La Constitución.

  (Asi es mi mundo)
  Incluye un índice.
  Resumen: Describe, en términos sencillos, cómo fue
concebida, escrita y ratificada La Constitución en 1788,
explicando los principios básicos y la Carta de
Derechos.
  1. Estados Unidos—Ley constitucional—Literatura
infantil. [1. Estados Unidos—Ley constitucional]
I. Título.
KF4550.Z9C58 1987   342.73′029   86-30968
ISBN 0-516-31231-6

Childrens Press, Chicago
Copyright © 1989, 1987 by Regensteiner Publishing Enterprises, Inc.
All rights reserved. Published simultaneously in Canada.
Printed in the United States of America.
1 2 3 4 5 6 7 8 9 10 R 97 96 95 94 93 92 91 90 89

CONTENIDO

No podríamos jugar al béisbol sin reglas.

LA REGLA PRINCIPAL DE NUESTRO PAIS

Piensa cómo sería un partido de béisbol sin reglas. ¿Cuántas entradas habría? ¿Cuántos lanzamientos se necesitarían para eliminar al bateador? Sin reglas, nadie sabría jugar al béisbol.

Las reglas nos dicen lo que debemos hacer.

Las ciudades tienen reglas, también. Por lo general, se llaman leyes.

Las señales nos indican las leyes de tránsito.

Los estados tienen leyes. Las tiene también nuestro país.

En los Estados Unidos de América viven más de doscientos millones de personas. Con tanta gente, tiene que haber miles de leyes. Pero en los Estados Unidos hay una sola ley principal. Se llama la Constitución.

La Constitución de los Estados Unidos de América

Todas las otras leyes de los Estados Unidos tienen que estar de acuerdo con ella.

La Constitución también tiene otra función. Indica cómo debe funcionar nuestro gobierno en Washington, D.C.

ANTES DE LA CONSTITUCION

Hace años, el rey de Inglaterra y su parlamento gorbernaban las 13 colonias norteamericanas. Pero ya para el año 1765 a muchos de los

Los colonizadores protestan el Stamp Act (abajo, derecha) que ponía un impuesto sobre los periódicos y documentos legales. A menudo las protestas eran disueltas por soldados ingleses (abajo, izquierda).

Este cuadro de Trumbull muestra a los delegados firmando la Declaración de Independencia. La Declaración decía: "Estas colonias unidas son, y tienen el derecho de ser, estados libres e independientes".

colonizadores no les gustaba cómo Inglaterra los gobernaba. Decían que las leyes hechas en Inglaterra eran injustas.

Por eso el 4 de julio de 1776, los líderes en América proclamaron la Declaración de Independencia.

Los colonizadores lucharon
contra el rey y su gobierno.
Y ganaron.

Cuando los americanos
ganaron su independencia,
necesitaban leyes nuevas.
Estas tomarían el lugar de
las leyes de Inglaterra.

Muchos líderes americanos
se reunieron para escribir
las leyes. La mayoría de
ellos creía que cada estado
debía ser como un pequeño
país.

Se escribieron las leyes
nuevas. Estas leyes se

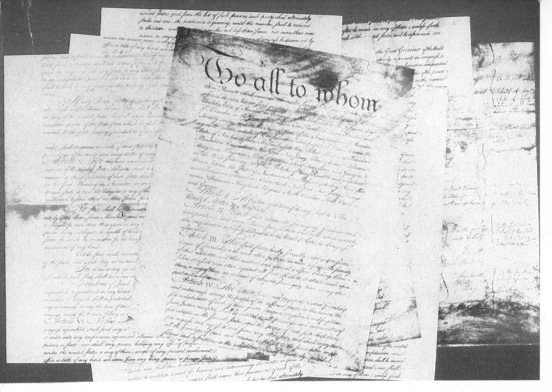

Los Artículos de Confederación fueron la ley de los Estados Unidos desde el año 1781 al 1789.

llamaron los Artículos de Confederación. Cada estado prometió ser amigo de todos los demás estados.

Todos prometieron trabajar con el gobierno. Pero los estados no permitieron que el gobierno central tuviera mucho poder.

Este gobierno central no podía recaudar dinero por medio de impuestos. No podía hacer acuerdos con otros países. No podía imprimir dinero. Cada estado se encargaría de estas cosas.

Al principio, las leyes nuevas les gustaron a la gente. Pero con el pasar del tiempo surgieron problemas. El gobierno central necesitaba un ejército. Pero las leyes no lo permitían.

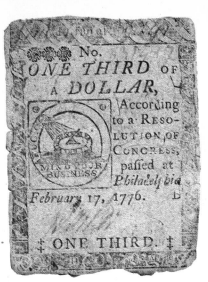

Al principio, los estados imprimieron su propio dinero. He aquí ejemplos de Nueva Jersey (izquierda) y de Pensilvania (centro y derecha).

Después surgieron problemas entre los estados. No estaban de acuerdo en cuanto a las fronteras. Unos no aceptaban dinero impreso en los otros.

Las cosas no iban bien. Las leyes no funcionaban. Y se convocó una reunión para ver si se podían cambiar las leyes.

George Washington
(derecha)
James Madison
(extrema derecha)

LA REUNION
EN FILADELFIA

La reunión para cambiar
las leyes tuvo lugar en
Filadelfia. Todos los
estados, con la excepción de
Rhode Island, enviaron
delegados.

George Washington llegó a
Filadelfia el 14 de mayo de
1787. James Madison de

Alexander Hamilton   Benjamin Franklin   Robert Morris

Virginia, Alexander Hamilton de Nueva York, Robert Morris y Benjamin Franklin de Pensilvania ya estaban allí.

Los delegados se reunieron en el Independence Hall. Lo primero que hicieron fue elegir a George Washington como presidente de la reunión. Todos tenían confianza en él.

Trataron de decidir qué hacer. ¿Deberían cambiar los Artículos de Confederación? ¿O deberían descartar las viejas leyes y empezar otra vez?

Las discusiones continuaron por mucho tiempo. Hizo mucho calor ese verano. Pero para mantener la reunión en secreto, los delegados dejaron cerradas las ventanas. Pusieron guardias junto a las puertas. Para eliminar el ruido, pusieron paja en las calles alrededor del Independence Hall.

Independence Hall

De esa manera, los delegados
no oirían las carretas pasar
por las calles empedradas con
guijarros.

Hacía calor en la sala.
Pero día tras día, los
delegados discutieron.

17

Cuadro de la Convención Constitucional que muestra a George Washington presidiendo

James Madison y Alexander Hamilton querían descartar las viejas leyes. Querían que el gobierno central fuera más fuerte que el gobierno de los estados. James Madison incluso tenía en el bolsillo un plan escrito para este nuevo gobierno.

Muchos delegados se opusieron. Dijeron que las leyes de Madison harían que el nuevo gobierno fuera demasiado fuerte.

Pronto se formaron dos grupos. Uno decía que los Estados Unidos acabarían pobres y débiles sin un gobierno fuerte. El otro quería que los estados permanecieran tan fuertes como antes.

Los dos grupos discutieron y discutieron.

En julio hubo otro problema. Los estados

pequeños temían que los estados grandes llegarían a ser demasiado fuertes con las nuevas leyes.

Algunos delegados se preguntaban si el gobierno nuevo debía ser gobernado por un rey. Pero nadie quería eso. Entonces, ¿qué tipo de líder deberían tener?

Poco a poco se solucionaron estos problemas. Después de resolver los problemas grandes, se resolvieron los problemas pequeños.

Se puede visitar el Independence Hall (izquierda) y ver la sala (arriba) donde se reunieron los colonizadores para firmar la Constitución.

Cada lado cedió un poco. Cada lado se sometió a un compromiso. En septiembre, todo se había decidido por fin. Los delegados estaban listos para escribir el nuevo plan para el gobierno.

LO QUE DECIA LA CONSTITUCION

Gouverneur Morris

Se eligió a un pequeño grupo para escribir las nuevas leyes. Estas se llamarían la Constitución de los Estados Unidos.

James Madison y Alexander Hamilton formaron parte del grupo. Su plan de un gobierno central más fuerte había ganado. Gouverneur Morris de Nueva York escribió la Constitución a mano.

22

We the People

Para muchos, las palabras más famosas de nuestra nación son "Nosotros, el pueblo".

En el primer párrafo se explica por qué fueron escritas las nuevas leyes. Esto se llama el Preámbulo.

Nosotros, el pueblo de los Estados Unidos, a fin de formar una Unión más perfecta, establecer la justicia, asegurar la paz doméstica, proveer para la defensa común, promover el bienestar general y asegurar los beneficios de la libertad para nosotros y nuestra posteridad, decretamos y establecemos esta Constitución de los Estados Unidos de América.

La Constitución dice que
el gobierno central debe
constar de tres ramas. Cada
rama tiene su propia
función. Ninguna otra rama
puede desempeñar esa función.

Una rama —la legislativa—
hace las leyes.

Otra rama —la ejecutiva—
se asegura de que las leyes
sean obedecidas.

La tercera rama —la
judicial— interpreta, o sea,
dice lo que significan, las leyes.

La Constitución da las
reglas para cada una de las

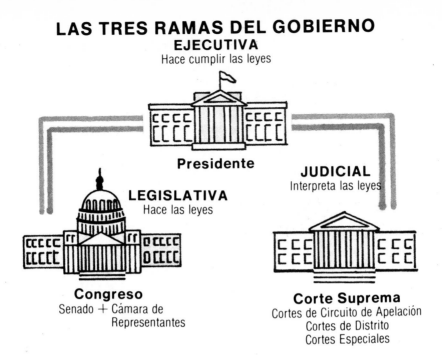

LAS TRES RAMAS DEL GOBIERNO

EJECUTIVA
Hace cumplir las leyes

Presidente

LEGISLATIVA
Hace las leyes

JUDICIAL
Interpreta las leyes

Congreso
Senado + Cámara de
Representantes

Corte Suprema
Cortes de Circuito de Apelación
Cortes de Distrito
Cortes Especiales

ramas del gobierno.

La rama legislativa consta
de dos partes. Una de las
partes es el Senado. Cada
estado tiene dos senadores en
el Senado.

La otra parte es la Cámara
de Representantes. Cada

La Cámara de Representantes (arriba)
y el Senado (derecha)

estado tiene por lo menos un representante. Los estados grandes tienen más.

Juntos, la Cámara de Representantes y el Senado se llaman el Congreso.

El Congreso se dividió en dos partes para resolver la disputa entre los estados.

UTAH

NUEVA YORK

Cámara de Representantes			
1 representante por cada 465,000 personas			
Año del censo	Total	Año del censo	Total
1787	65	1880	332
1790	106	1890	357
1800	142	1900	391
1810	186	1910	435
1820	213	1930	435
1830	242	1940	435
1840	232	1950	437
1850	237	1960	435
1860	243	1970	435
1870	293	1980	435

El número de representantes que tiene cada estado se determina por la población de ese estado.

Los estados pequeños querían que cada estado tuviera el mismo número de votos en el Congreso. De esa manera los estados grandes no se harían demasiado poderosos.

Los estados grandes decían que eso no era justo; que los estados con más habitantes deberían tener más votos.

Los estados grandes y los estados pequeños llegaron por

Tanto el presidente John F. Kennedy (izquierda) como el presidente Franklin Delano Roosevelt pronunciaron discursos ante el Congreso durante su presidencia.

fin a un compromiso. El Senado es lo que querían los estados pequeños. La Cámara de Representantes es lo que querían los estados grandes.

No se puede pasar ninguna ley en el Congreso si los dos grupos no están de acuerdo.

La siguiente sección de la

Visitantes observan la competencia anual en la que se hacen rodar huevos decorados en el jardín de la Casa Blanca, la casa del presidente. La mayoría de los presidentes han trabajado en el Despacho Ovalado (arriba).

Constitución da las reglas para la rama ejecutiva.

La Constitución dice que el presidente debe ser el jefe de la rama ejecutiva y que debe haber un vicepresidente.

La Constitutión dice cómo deben ser elegidos el presidente y el vicepresidente.

Cada uno desempeña su cargo
por cuatro años. La Constitución
dice cuáles son sus deberes.

El presidente se debe
asegurar de que las leyes
pasadas por el Congreso sean
obedecidas. El presidente
también puede llegar a
acuerdos, llamados tratados,
con otros gobiernos. Puede
pedirles a otras personas que
trabajen para el gobierno.
El presidente puede hacer
todas estas cosas, pero
únicamente si el Congreso
está de acuerdo.

Algunos legisladores observan al Presidente Ronald Reagan mientras firma una ley. De izquierda a derecha los legisladores son: el Representante Rodino, de Nueva Jersey; el Senador Simpson, de Wyoming; el Vicepresidente Bush; y el Senador Thurmond, de Carolina de Sur. Desde el año 1789, los presidentes de los EE.UU. han vetado más de 2,000 leyes.

Esta regla aclara que el presidente no puede actuar sin la aprobación del Congreso.

Para entrar en vigor, las leyes pasadas por el Congreso deben ser firmadas por el presidente. Si una ley no le gusta al presidente, no la firma. Esto se llama un veto.

Los nueve jueces de la Corte Suprema son, de izquierda a derecha: Los Jueces Asociados Thurgood Marshall; Antonin Scalia; William J. Brennan, Jr.; John P. Stevens; Presidente de la Corte Suprema William H. Rehnquist; Jueces Asociados Sandra Day O'Connor; Byron R. White; Anthony Kennedy; Harry A. Blackmun.

La sección siguiente de la Constitución da las reglas para la rama judicial.

La Constitución dice que esta rama debe constar de las cortes y de los jueces. Dice que el presidente escoge a los

jueces. Pero el Congreso
debe estar de acuerdo con
su selección. Dice que los
jueces pueden permanecer
en su cargo por el resto de
su vida. Pero si un juez
infringe la ley, el Congreso
le puede quitar el cargo.

Los delegados en
Filadelfia no querían que
ninguna rama del gobierno
fuera más fuerte que las
otras. Querían que cada rama
tuviera cierta influencia
sobre las otras ramas.

CORTE SUPREMA
la corte más alta de los Estados Unidos

CONSTITUCION

LEYES pasadas por
los gobiernos locales
los gobiernos estatales
el gobierno federal

Edificio de la Corte Suprema
en Washington, D.C.

El resto de la Constitución permite que los estados hagan sus propias leyes. Pero dice que las leyes de la Constitución son las más importantes.

También dice cómo se le pueden hacer cambios a la

Constitución. Los cambios se llaman enmiendas.

La última sección dice cómo la Constitución llegaría a ser la ley de los Estados Unidos. Nueve estados tenían que votar a favor de ella.

Los delegados discutieron la Constitución. Pero por fin, el 17 de septiembre de 1787, treinta y nueve de los cincuenta y cinco delegados en Filadelfia firmaron la Constitución.

Los delegados firman la Constitución en la Convención Constitucional.

El trabajo de los delegados se había terminado. Ahora volvieron a sus estados para luchar por las nuevas leyes y el nuevo gobierno.

VEINTISEIS ENMIENDAS

Delaware fue el primer estado que aprobó la Constitución. En 1788, Nueva Hampshire fue el noveno estado que firmó.

Pero la Constitución no les gustaba a todos aún.

Caricaturas atacaban a los antifederalistas, los que no querían que su estado aprobara la Constitución.

Patrick Henry
estaba en contra de
la Constitución.

Había mucha gente que creía
que no decía bastante sobre
los derechos del pueblo.
Patrick Henry decía que le
daba demasiado poder al
gobierno central.

Otra vez se formaron dos
bandos. Por fin, se llegó a
un compromiso. Todos acordaron
que se añadiera una lista de
libertades a la Constitución.

En 1791, se añadieron diez enmiendas. Se llamaban la Carta de Derechos.

La primera enmienda nombra cinco derechos importantes.

● Todos los americanos tienen derecho a practicar la religión que deseen.

La libertad de religión es un derecho de todos los americanos.

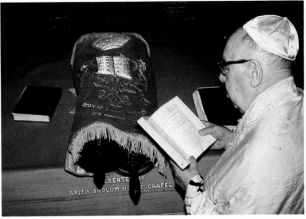

● Todos los americanos pueden escribir sobre lo que quieran.

● Todos los americanos pueden hablar sobre lo que quieran.

● Todos los americanos se pueden reunir pacíficamente.

● Todos los americanos le pueden decir al gobierno cómo quieren que las cosas cambien.

Las otras enmiendas de la Carta de Derechos protegen a los americanos contra los arrestos y procesos injustos.

La Primera Enmienda garantiza el derecho de congregarse y de hacer demostraciones en contra de la política del govierno.

Protegen a los americanos contra los castigos crueles. Protegen a las familias y los hogares americanos.

Desde el año 1791 se han añadido dieciséis enmiendas más. Una de éstas liberó a

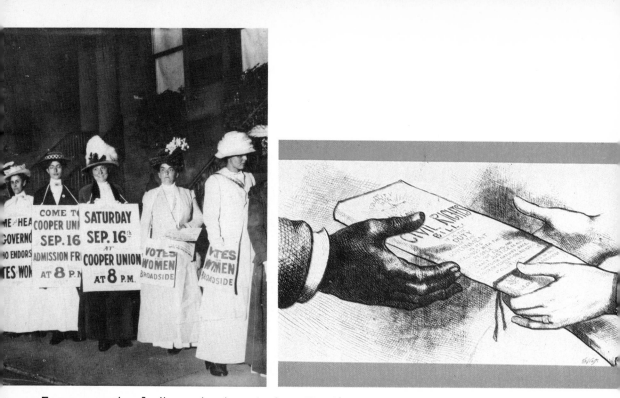

Fue necesario añadir enmiendas a la Constitución antes de que las mujeres (izquierda) y los negros (derecha) tuvieran el derecho de votar.

los esclavos en el año 1865.
Otras permitieron que los
negros y las mujeres
votaran. La última enmienda
fue pasada en el año 1971.
Les dio el derecho al voto a
los de dieciocho años.

UNA CONSTITUCION PARA SIEMPRE

Mucho ha pasado desde que se escribió la Constitución. Entonces, sólo trece estados eran parte de los Estados Unidos de América. Ahora hay cincuenta estados en la unión.

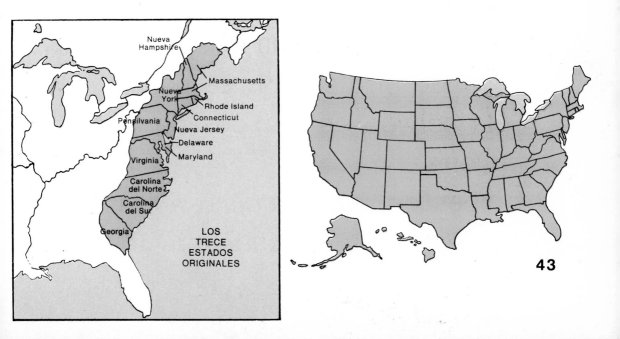

LOS TRECE ESTADOS ORIGINALES

43

En 1789, la mayoría de los americanos vivían en granjas o en pequeños pueblos. Hoy día la mayoría viven en ciudades. En los últimos doscientos años, han ocurrido cambios dramáticos en la manera en que vive la gente.

Pero nuestra Constitución ha permanecido la misma. Ha servido en tiempos de paz. Ha servido en tiempos de guerra.

Les debemos mucho a las personas que escribieron

El lado este del Capitolio. La Cámara de Representantes y el Senado se reúnen en este edificio.

nuestra Constitución. Esos hombres sabios escribieron leyes que forjaron una nación fuerte. La Constitución sirvió entonces y sirve aún hoy día.

PALABRAS QUE DEBES SABER

acuerdo—arreglo, como un contrato, en que dos o más partes aceptan la misma opinión o intención

artículo—uno de los puntos de una declaración, como en un acuerdo, tratado o contrato

Artículos de Confederación—la primera Constitución, adoptada por los 13 estados originales en 1781, que estuvo en vigor hasta el año 1788

Cámara de Representantes—personas elegidas por estados para representar los intereses de los votantes

Carta de Derechos—la primeras diez enmiendas a la Constitución de los Estados Unidos

central—principal; importante

colonias—territorios donde la gente de un país lejano se establece, siendo aún gobernada por el país original

compromiso—arreglo en que se resuelven diferencias, cada parte decidiendo ceder algunas de sus demandas

confederación—unión de personas o grupos que están de acuerdo en cuanto a un propósito común

Congreso—el Senado y la Cámara de Representantes en conjunto

declaración—enunciación; anuncio

delegados—personas enviadas a representar y actuar por otras

elegido—escogido; seleccionado por medio del voto

enmiendas—declaraciones que contienen cambios, correcciones o mejoras sobre el documento original

estado—territorio en que la gente adopta sus propias leyes, y, junto con otros territorios, forma una nación, como los Estados Unidos

frontera—la línea que separa un territorio de otro

grupo—conjunto de personas o cosas que se relacionan de alguna forma

impuestos—cantidades de dinero que requiere el gobierno de sus ciudadanos para su mantenimiento

independiente—no dependiente; libre del control de otros

ley—reglas por medio de las cuales la gente o las organizaciones son gobernadas

parlamento—en Gran Bretaña, el cuerpo de legisladores que representa al pueblo

preámbulo—las declaraciones iniciales de un documento importante que explican las razones para lo que sigue

rey—jefe de una nación, cuyo reino pasa a sus descendientes

Senado—grupo de personas elegidas, dos por cada estado, que forman el cuerpo de legisladores más importante de la nación

senador—miembro del Senado; ocupa su oficio por seis años

vetar—desaprobar; no dejar que se convierta en ley

INDICE

Sobre el autor

Warren Colman es escritor, director y productor. Es presidente de una compañía que, además de hacer tiras de películas educacionales y vídeos, provee entrenamiento y promoción publicitaria para negocios. Tiene un bachillerato y un Master's de la Universidad de Northwestern.